# Mein Tag

Janine Yala

Dieses Buch gehört:

..................................

© von Janine Yala 2007, Ramadan 1428
   As – Sunna Verlag 2011
Deutscher & Englischer Text:
   Janine Yala;
   Arabische Übersetzung:
   Malika & Mariam Barakat;
Überarbeitung des deu. und arab. Textes durch As-Sunna Verlag
Design & Illustrationen: Janine Yala
   Gedruckt in Deutschland
Alle Rechte vorbehalten.
Nachdruck, Vervielfältigung und Übersetzung dieses Wekes sind nur mit schriftlicher Genehmigung erlaubt.
Anfragen, Vorschläge und Kommentare an:
janineklemba@yahoo.de
info@as-sunna-verlag.de


© by Janine Yala 2007,  Ramadan 1428
   As – Sunna Verlag 2011
German & English Text:
   Janine Yala;
   Arabic Translation:
   Malika & Mariyam Barakat;
Revision of german & arabic text by As-Sunna Verlag
Illustration & Design: Janine Yala
   Printed in Germany
No Part of this book may be reproduced by any means including photocopying, electronic, mechanical, recording, or otherwise without the written consent of the publisher. In specific cases, permission is granted on written request to publish or translate this work.
For requests, comments and suggestions please write to:
janineklemba@yahoo.de
info@as-sunna-verlag.de

© جَنين يَعْلَى 2007م، رمضان 1428هـ
دار السنة للنشر 2011م
النص الإنكليزي و الألماني: جَنين يَعْلَى
الترجمة للعربية: ملكة و مريم بركات
التصحيح الألماني و العربي: من دار السنة
التصميم و الرّسوم: جَنين يَعْلَى
طُبع في ألمانيا الإتحادية.

ممنوع إعادة الطبع! و حقوق الطُبع محفوظة.

Dieses Buch ist unserem Sohn Ibrahim,
seiner kleinen Schwester Sadiya
und allen kleinen Muslimen gewidmet,
die in mehrsprachigen Familien aufwachsen.

Möge Allah aus euch kleinen Muslimen
einmal grosse gottesfürchtige Menschen machen und
euch stets auf dem rechten Weg führen.
Möge dieses Büchlein euch dabei helfen;
und möge Allah unsere Anstrengungen belohnen.
Amien.

أهدي هذا الكتاب إلى إبننا إبراهيم و لكل الأطفال المسلمين الذين يتربّون في عائلات تتحدث بأكثر من لغة.

أسأل الله أن يجعل منكم ياصغار المسلمين، إناساً كباراً يخافون الله، و أن يهديكم إلى الطريق المستقيم.

و لعل هذا الكتاب يساعدكم على ذلك. اللهم أكتب لنا أجر هذا الجهد.

آمين.

As-Salamu 'aleikum...
ich bin 'Ali und das ist meine Familie: Mama Amiena, Papa 'Abdullah und mein kleines Schwesterchen Aniesa, mascha-Allah.
Ach ja... nicht zu vergessen unser Kätzchen Sultan.

Wir sind Muslime, denn wir glauben an Allah und an Seinen Propheten Muhammad (Sallallahu 'aleihi wa Sallam). Weil wir Allah lieben, versuchen wir jeden Tag viele gute Dinge zu tun, so dass wir Allah gefallen und ER uns auch lieb hat.
Dabei haben wir immer viel Spass. Kommt mit inscha-Allah...
begleitet uns doch heute einmal!

السَّلامُ عَلَيكُم...

أنا إسمي علي وهذه عائلتي : أمي أمنة و أبي عبدالله و أختي الصّغيرة أُنيسَة، ما شاء الله. أه... نعم، كُدت أن أنسى ذِكر هرَّنا، إسمهُ سلطان.

نحن مسلمون، لإننا نؤمن بالله و رسوله محمد صلى الله عليه و سلم.

لأننا نحب الله، فنحن نحاول كل يوم أن نقوم بعمل الخير حتى يرضى الله عنّا و يحبنا، وهذا يسرنا كثيرا.

هيا تعالوا معنا ورافقونا اليوم.

Obwohl ich gestern in meinem eigenen Bett eingeschlafen bin, wachen wir heute Morgen alle vier in Mamas und Papas Bett auf.
Da schläft es sich doch am gemütlichsten.
„As-Salamu 'aleikum! Guten Morgen... ich hab ausgeschlafen!"
begrüsse ich meine Mama.
Mama hält Aniesa im Arm und antwortet: „Guten Morgen, kleiner Mann... hast du schon deine Morgen-Erwähnung gesprochen?"
O ja... das hätte ich ja beinahe vergessen:
„Al-hamdulillah aladhi ahyaanaa b'ada amaatanaa wa ileyhin-nuschuur."[1]
Aniesa bekommt erst einmal ihre Milch. Dabei schmatzt sie immer ganz laut: „Mnjam, Mnjam", Mama kichert und Papa schnarcht... Mal sehen, ob ich ihn wach kriege: „As-Salamu 'aleikum, Papa! Zeit zum Aufstehen! Die Sonne lacht schon!"
Papa knurrt und dreht sich noch mal auf die andere Seite.

بالرغم من أنني ليلة أمس قد نمتُ عَلَى سَرِيرِي و لَكِن أصبَحتُ فِي سَرِيرِ أُمِي و أَبِي! هَذَا مِن أفضلُ أماكِنِ النوم والراحة. السلام عليكم ''يومكم سعيد'' أنا صحوت من النوم، رحبت بأمي. أمي تحمل أَنِيسَة على ذراعها وترد: يومُكَ سعيد يابُني، هل قُلتَ أذكارُ الصباح؟ آه... كدتَ أن أنساها: الحمد الله الذي أحيانا بعد ما أماتنا و إليه النشور. أولا أنيسه تَشْربُ حَلِيبهَا، عند ما ترضع تصدرُ أصواتاً عالية مُضحكة'': مُنيَمْ مُنيَمْ'' أُمِي تبتسم و أبِي يُشَخِر ... تَعَالوا نرى إذا كان بإستطاعتنا إيقاظهُ.'' السَّلامُ عَلَيكُم يا أبِي! جاءَ وقت الإستيقاظ! واليوم تضحك الشمس''!
يتثاءب وَ يسَّتدير على جنبه الآخر.

---
[1] Alles Lob gebürt Allah Der uns Leben gab nachdem Er es von uns nahm und zu Ihm ist die Wiederauferstehung.

„Bismi-lah"... es gibt Frühstück. Mein Bauch hat schon geknurrt. Mascha-Allah, was Mama wieder alles vorbereitet hat: Kornflakes, Toast, Milch und Papa bekommt seinen Milchkaffee. Gerade will ich mir den ersten Happs Kornflakes in den Mund schieben... „Bismi-lah"... als Papa mich erinnert: ‚'Ali... iss bitte mit der rechten Hand, mein Schatz!" „Weil es Sunnah ist?" frage ich. „Genau", sagt Mama, „so hat Allahs Prophet Muhammad (Sallallahu 'aleihi wa Sallam) es uns gezeigt." Gemütlich sitzen wir zusammen auf einem grossen Tuch auf dem Fussboden im Wohnzimmer und genießen das leckere Frühstück, mit dem Allah uns versorgt hat. Al-hamdulillah... Allah ist wirklich Ar-Razaaq, der beste Versorger.
Nun sind wir alle satt, al-hamdulillah.
Trotzdem bleiben wir noch kurz sitzen, denn wir wollen ja noch Allah für das Essen danken. Dabei sagt jeder auf Arabisch: „Al-hamdulillahil-ladhi at-ta'amani had-haa wa razaqanihi min gheiri haulin minni walaa quwah."[1] Alle haben es gesagt... alle außer... „Aniesa! Wo willst du denn hin? Bleib hier!" Aber da ist sie schon davongekrabbelt, mit ihrer Trinkflasche in der Hand.

„بِسْمِ الله"... الفطور جاهز. آه بطني تكركر. مَا شَاء الله، فلننظر مَاذَا جهزت أمي للطعام: مُوسلِي، شرائح الخُبز، حَلِيب وَ أبِي يأخذ قَهْوَتهُ بِالحليب.

كنت أريد أن أضع الطعام في فمي مباشرة. „بسم الله" ذكرني أبي.

„علي... كُل من فَضلك بِيدك اليُمنى ياحبيبي، „ لأنه من السنة؟". أليسى كذلك؟" „بالضبط" قالت أمي؛ هكذا علمنا رسولُ الله صَلى اللهُ عليهِ وَسَلم.

كنا نجلس جميعاً بكل راحة وسرور فوق المفرش على الأرض في غرفة المعيشة ونستمتع بالإفطار اللذيذ الذي رزقنا الله إياه. الحمد الله ، الله هو خير الرازقين. الأن نحن شبعنا جميعاً. الحمد الله. بالرغم من ذلك بقينا جالسين ، لأننا نريد أن نشكرُ الله بعد الإنتهاء من الطعام. „الحمد لله الذي أطعمني هذا ورزقنيه من غير حول مني ولا قوة" الكل قال هذا، إلا... „أنِيسَه! إِلَى أينَ تَذهبين؟ إبقي هُنَا" وأخذت تحبو وهي تحمل زجاجة الرضاعة في يدها.

---

[1] Alles Lob gebührt Allah, Der mich damit gespeist und versorgt hat, ohne Macht noch Kraft von mir.

Nun muss Papa zur Arbeit.
„As-Salaamu 'aleikum Papa! Allah schütze dich!" Ich bringe ihm seine Tasche und er streichelt meinen Kopf und küsst mir die Stirn: „Wa-'aleikum Salaam, 'Ali... sei lieb zu deiner Mama und pass gut auf sie und Aniesa auf, ja?!"
Da kommt Mama angerannt und wedelt mit Papas Wohnungschlüsseln!
„Dschazzaki-llahu cheiran![1] Wenn ich dich nicht hätte..." schmunzelt Papa... dann verabschiedet er sich von Mama und kneift Aniesa in die Wange,
so dass sie quietscht.
„Bis heute Abend inscha-Allah!" Und dann fällt hinter ihm die Tür ins Schloss.

الآن أَبِي يجب أن يذهب إلى العمل. ",السَّلامُ عَلَيكُم يَا أَبِي" الله يُحفَظك". أناولَهُ حَقِيبتِه وَيُمَلِسُ عَلَى شَعرِي وَ يُقَبِلُ جَبهتي.
",وَعَلَيكُم السَّلام، يا عَلِي... كُن مهذباً واهتم بِأُمِك وَ أنيسه. نعم؟!"
فَجأَةَ أُمِي تركض إلى أَبِي، ملوحة بِمفاتيح البيت فِي يديها.
",جزاكِ الله خيراً! ما أفعل بدونِك"... يبتَسم وَ يُودِعُ أُمِي فِي سلام وَ يقرصُ آنِيسَة فِي خدها حتى تصرخ مِن الفرح.
",إلى اللقاء في المساء إن شاء الله". وأغلق الباب خلفة.

_____

1 Möge Allah dich aufs Beste belohnen

Nun gehen auch wir gleich los. Heute wollen wir zur Moschee. Meine Schuhe kann ich schon ganz allein anziehen… zuerst den rechten und dann den linken… so wie es Sunnah ist. Beim Losgehen flüstere ich noch eine Erwähnung, die Mama mir beigebracht hat. Der Prophet Muhammad (Sallallahu 'aleihi wa Sallam) hat das auch immer gesprochen bevor er losging, damit Allah ihn beschützt solange er unterwegs war. „Bismi-llahi, tawakaltu 'ala-llahi walaa haula walaa quwata illa Billah."[1] Unterwegs sehe ich meinen besten Freund Yusuf mit seiner Mama aus der Ferne. „O, schau mal Mama, da sind ja Yusuf und Tante Haliemah!"… „As-Salamu 'aleikum, Yuuuusuf!" winke ich. Yusuf lacht, winkt auch und grüsst mit einem noch schönerem Gruss zurück: „Wa-'aleikum Salam wa rahmatullah, Bruder 'Ali". Al-hamdulillah, alle sind froh, sich wieder zu sehen. Mascha-Allah, Tante Haliemah hat einen ganz dicken Bauch bekommen. Inscha-Allah bekommt sie bald ein Baby. Yusuf ist schon ganz aufgeregt, denn bald wird er ein grosser Bruder sein.

نحنُ نخرُج أيضاً. اليوم نريد أن نذهب إلى المسجد.

أستطيع أن ألبس حذائي وحدي... أولاً اليمنا ثم اليسرا... هكذا السنة. وعند الاستعداد للخروج أخذت أردد الذكر الذي علمته لي أمي. النبي محمد صلى الله عليه وسلم كان يقول دائما هذا الدعاء قبل الخروج، لكي يحفظه الله في الطريق. ,, بسم الله، توكلتُ على الله، ولاحولا ولاقوة إلا بالله. و في الطريق رأيتُ صديقي يوسف مع أمه من بعيد.

,,أنظري هُنَاك يَا أُمِي! هناك يوسُف و خالتي حليمَة"! ,,السَّلامُ عَلَيكُم، يَا يُوووووسُف"! يُوسُف يتسم و يرُد السَّلام بِسلام أفضل" وَ عَلَيكُم السَّلام وَ رَحْمَةُ الله، يَا أخِي عَلِي". الحمدُ لِله، الكُل فرحان فِي هذا اللقاء مرة اخرى. مَا شَاء الله، خَالتِي حَلِيمَة عَنْدَهَا بطن كَبِيرة! إن شَاء الله ستنجب طفلاً قَرِيباً. يُوسُف سَعِيد، قريبا سوف يصبِحُ أخاً كَبِيرا!

---

1 Im Namen Allahs, auf Allah vertraue ich und es gibt keine Macht und Kraft außer durch Allah.

Nun laufen wir gemeinsam zur Moschee.
Auf dem Weg erzähle ich Yusuf, wie es so ist, ein grosser Bruder zu sein und nun kann er es gar nicht mehr abwarten bis es endlich so weit ist.
„Wir können doch Du'a machen und Allah bitten, dass die Zeit schnell vergeht" schlägt Yusuf vor. „Ja... und dann können wir ja gleich noch beten, dass ER euch ein gesundes Baby gibt."
„Amien" sagt Yusuf. „Komm 'Ali, da ist ja schon die Moschee!"
„Jungs, nicht so schnell!" ruft Tante Haliemah. „Pssst... schön leise! Ihr wisst doch - das ist Allahs Haus und wir kommen zu Besuch!" pflichtet Mama bei und legt ihren Finger auf den Mund.

الآن نَمْشِي معا إلَى المَسْجِدِ. وفي الطَّرِيق أُحدِثُ يُوسُف كيف يكون أخاً كبير، والآن هُوَ فَرْحان أكْثَر وَ لا يقدر أن يصبُر. يُوسُف اقترح أن ندعوا الله أن يجعل الوقت يمضي بسرعة. ,,أجل... و إن شاء الله ندعوا الله أن يُنعِم عَلى الطِّفل بالصُحة و العافية''. ,,آمين'' قال يُوسُف.
,,بِسُرعة يا عَلِي، هذا هُوَ المَسْجِد.''
,,على حلكم يا أولاد''! قالت خالتي حليمة بصوت مرتفع. أُمِي تُذكِرُنَا، وتَرفع أُصبعها على شفتيها:
,,بست أُسكتوا ... تذكَّروا هذا بَيتُ الله وَ نحن ضيوفه''.

Bevor wir beten, müssen wir noch Wudu, die Gebetswaschung, machen. Das ist gar nicht schwer: „Bismi-llah" sagen, dann Hände waschen, Mund und Nase ausspühlen, Gesicht und Arme waschen, den Kopf und die Ohren bestreichen und zum Schluss noch die Füsse waschen... und zwischen den Zehen nicht vergessen. Dann sagt man: „Asch-hadu alaa Ilaaha ila Allah wahdahu laa Scharieka lah, wa asch-hadu anna Muhammadan 'Abduhu wa Rasuluh. Allahumma dscha'alni min at-Tauwabien wa min al-Mutatahirien."[1]

So, fertig! Jetzt haben wir uns gereinigt, um vor Allah zu stehen.
Auf geht's zum Gebetsraum!

قبل أن نصلي نتوضأ. الوضوء ليس صعباً. نقُول ",بِسمِ الله"، وَاغْسل يديك، ، ثم فمك وأنفك وجهك، ثم ذراعيك إلي المرفقين، ثم امسح رأسك من الأمام إلي الخلف ثم من الخلف إلى الأمام، ثم إمسح أُذناك . ثم إغسل رجليك وَلا تنسَ بَين أصابع قدميك أيضاً ثم قول: أشهد أن لاإله إلا الله وحده لاشريك له، وأشهد أن محمداً عبده ورسوله. ثم اللهم اجعلني من التوابين و اجعلني من المتطهرين. الأن جاهز!
الآن أصبحنا نظاف لِنقف أمام الله. تعالوا نذهب إلى المصلى!

---

[1] Ich bezeuge, dass es keinen Anbetungswürdigen gibt außer Allah- Dem Einzigen der keinen Partner hat. Und ich bezeuge, dass Muhammad Sein Diener und Gesandter ist. O Allah lass mich zu den Bereuenden und Sich-Reinigenden gehören!

„Allahu-akbar, Allahu-akbar,
„Allah ist der Größte, Allah ist der Größte,
Allahu-akbar, Allahu-akbar,
Allah ist der Größte, Allah ist der Größte,
Asch-hadu allaa ilaaha illal-laah,
Ich bezeuge, dass nichts und niemand der Anbetung würdig ist außer Allah,
Asch-hadu allaa ilaaha illal-laah,
Ich bezeuge, dass nichts und niemand der Anbetung würdig ist außer Allah,
Asch-hadu anna Muhammadar Rasu-lul-laah,
Ich bezeuge, dass Muhammad Allahs Gesandter ist,
Asch-hadu anna Muhammadar Rasu-lul-laah,
Ich bezeuge, dass Muhammad Allahs Gesandter ist,
Hayya 'alas-salaah, Kommt zum Gebet,
Hayya 'alas-salaah, Kommt zum Gebet,
Hayya 'alal falaah, Kommt zum Erfolg,
Hayya 'alal falaah, Kommt zum Erfolg,
Allahu-akbar, Allahu akbar,
Allah ist der Größte, Allah ist der Größte,
Laa ilaaha illal-laah!"
Nichts und niemand der Anbetung würdig ist außer Allah."

„O, der Muadhin ruft schon zum Gebet. Schnell Yusuf, wir wollen doch nicht zu spät kommen!"
„Kannst du schon den Adhaan, 'Ali?" fragt Yusuf. „Klar, hör mal: Allahu-akbar, Allahu-akbar...!" Da nickt Yusuf zufrieden mit dem Kopf und stellt sich in die Reihe zum Gebet auf.

اللهُ أكبَرُ ، اللهُ أكبَرُ .
اللهُ أكبَرُ ، اللهُ أكبَرُ .
أشهَدُ أن لا إلهَ إلا الله .
أشهَدُ أن لا إلهَ إلا الله .
أشهَدُ أن مُحَمَّداً رَسُولُ الله ،
أشهَدُ أن مُحَمَّداً رَسُولُ الله .
حَيَّ عَلَى الصَّلاةِ ، حَيَّ عَلَى الصَّلاةِ .
حَيَّ عَلَى الفَلاحِ ، حَيَّ عَلَى الفَلاحِ .
اللهُ أكبَرُ ، اللهُ أكبَرُ .
لا إلهَ إلا الله .

آه المُؤذن نادى إلى الصَّلاةِ. ،،بسُرعة يا يوسُف لا نُريد أن نتأخر"!
،،هل تعلم كيف تؤذن يا علي؟" سألني يُوسُف.
،،أكيد، استمع: الله أكبر"!...
يُوسُفُ يهز رأسه وَ يبدأ الصَّلاة.

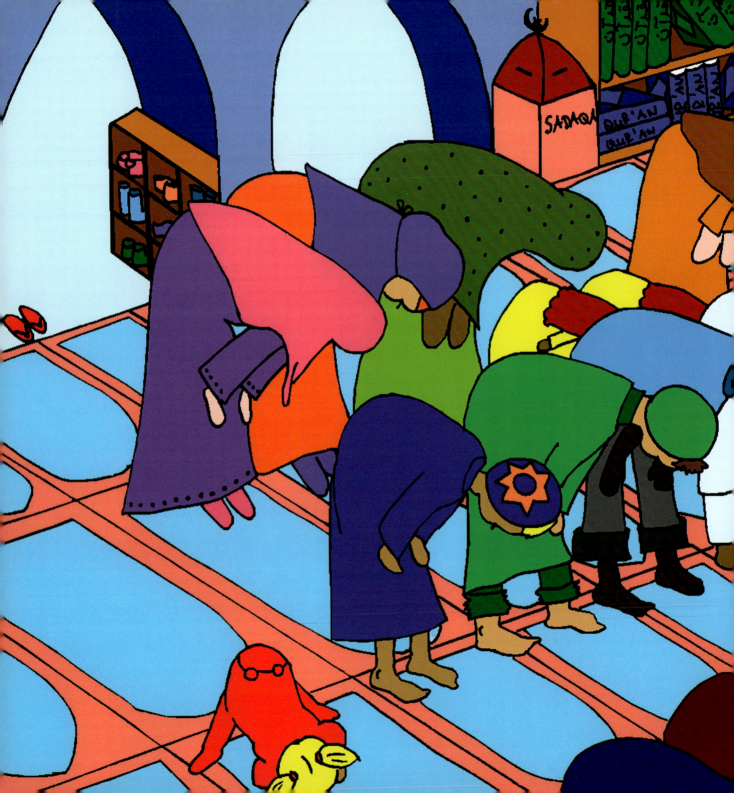

Alle Muslime haben sich zum Gebet nebeneinander in eine Reihe gestellt – Fuss an Fuss und Schulter an Schulter... Habt ihr gewusst, dass Allah uns 27 mal mehr Belohnung gibt, wenn wir das Gemeinschaftsgebet in der Moschee beten? Subhan-Allah! Darum beten wir, wann immer wir können, alle zusammen. Wenn es klappt in der Moschee, wenn nicht dann zu Hause, im Park oder egal, wo wir gerade sind...Allah hat die ganze Welt zu einem Gebetsplatz gemacht! Fünf mal am Tag beten wir - so wie Allahs Prophet Muhammad (Sallallahu 'aleihi wa Sallam) es uns gezeigt hat... „Allahu akbar" – sagt der Imaam während er die Hände – mit den Handflächen in Gebetsrichtung - in Höhe der Ohren hebt. Es geht los!

كل مسلم يقف بجانب الأخر في صفٍ واحد.
الكُل يقف بالصف للصّلاة. القدمُ بالقدمِ وَ الكتفُ بالكتفِ. هَل تعلمون أن الله يضاعف أجرنا سبعٌ وَ عشرون مرة عندما نصلي جماعة بالمسجد؟ سُبحانَ الله! لذلك نُصلي عندما نستطيع في الجماعة، ان لم نستطع ان نصلي بالمسجد ففي البيت او في الحديقة او حيث ما كنا.... الله جعل كُل الأرض مكاناً للصلاة و العبادة. نُصّلي في اليوم خمس مرات، كما علمنا رَسُولنا الكريم محمد صلى الله عليه و سلم. الإمام يقول الله أكبر، ويرفع يده في مستوى أذنيه. وهكذا تبدأ الصلاة.

Al-hamdulillah, die Sonne scheint immer noch…
Wir gehen in den Park!
„Yusuf, hast du deinen Ball mitgebracht?" „Natürlich, hier fang 'Ali!" „Vorsicht Jungs, fallt nicht über Aniesa!" ruft Mama und Tante Haliema setzt sich erst einmal hin. Sie ist sicher müde. „Puuuh, al-hamdulillah," schnauft sie, „das Baby wird doch langsam ganz schön schwer im Bauch."
„Mama! Aniesa steckt sich Gras in den Mund!"
„Bäh, Aniesa – das schmeckt doch nicht!" sagt Mama und wischt der kleinen Aniesa das nasse Grass aus dem Gesicht.
„Hier Aniesa, du kannst mit meinem Auto spielen!"
So, nun haben wir uns ausgetobt und haben alle Hunger… ab geht's nach Hause. Mal schauen, ob Papa schon da ist.

الحمد لله، الشَّمس مازالت ساطعة، سنذهب إلى الحديقة العامة.
"يا يُوسُف، هل أحضرت الكرة معك؟" "أكيد… إمسك"!
"إنتبِهوا أن لا تسقطوا فوق أَنِيسَة يا أولاد" نادت الأم، وَالخالة حَلِيمَة تريد أن تجلس، لقد تعبت. "آه، الحمد لله …الطِّفل يَكبر وأصبح ثقيل في البطن" .
"أمي، أَنِيسَة تأكل العشب"! "با، يا أَنِيسَة – هذا ليس طعاماً جيداً" قالت الأم وهي تمسح العشب من وجه أنيسه. "خُذي هذه السَّيارة و إلعبي هي أفضل من العشب". الآن تعبنا من اللعب و أحسسنا بالجوع. تعالوا لنرجع إلى البيت… ولنرى إذا ما كان أبي هُناك".

Nach dem Abendessen mache ich mich bettfertig: Baden, Zähneputzen, Schlafanzug anziehen. Das kann ich schon ganz allein. Mmh... wie schön die Seife und die Creme riechen. So, alle Spuren vom Park beseitigt. Da wird Mama sich freuen, dass ich alles allein geschafft habe... Da ruft sie auch schon während sie aus der Küche in Richtung Bad eilt: „'Ali, komm aus der Wanne raus, du kriegst ja noch Schwimmhäute zwischen den Fingern!... Huch, masch-Allah... du bist ja schon fertig... gut riechst du!" Dann streicht sie mir über den Kopf.

بعد العشاء أحضِّر نفسي للنوم: أغتسل، أُفرش أسناني و ألبس ثياب نومي. أنا أفعل ذلك كله لوحدي. هم... رائحة الصّابون و الكريم رائعة! لقد نجحتُ بإزالة كل رائحة الحديقة العامة. أمي ستفتخربي لإنني فعلتُ كُل ذلك لوحدي.

ها هي تركُض من المطبخ إلى الحمامِ و هي تُنادي" :يا عَلِي، أُخرج من البانيو الآن من فضلك. أوتريد أَن تتحول إلى سمكة؟!ۢ أُبْسْ، ماشاء الله... أنت جاهز... رائحتك جميلة. ثم تُمَسح على رأسي .

„Huch, was ist denn in meinem Zimmer passiert? Hier sieht es ja aus... ich glaub' so können wir das nicht lassen... da liegt ja überall mein Spielzeug herum.
Komm, 'Ali! Ich helfe dir schnell aufzuräumen," sagt Mama, „dann haben wir inscha-Allah noch genug Zeit für die Gute-Nacht-Geschichte."
Dschazaaki-llahu cheiran, Mama!
Schnell ist alles in die Spielkiste geräumt, Mama und Aniesa saugen Staub.
Allah liebt die Muslime, die sich und ihre Umgebung sauber halten.

آخ ، ماذا حدث في غُرفتي؟ لا أعتقد أننا نستطيع تركها على هذا الشّكل. الألعاب مُبَعثِرة في كُلِ مكان. ,,تعالَ يا عَلِي أساعدك في ترتيبها سريعا ,, و قالت أُمِي" و هكذا نكسب وقتاً أكثر لِقصتنا قبل النّوم إن شاء الله" ,,..جزاكِ الله خيرا يا أُمِي"!
و بسُرعة، كانت كلِ الألعاب في الصّندوق، و أُمي و أنيسه ينظفون بالمكنسة الكهربائية.
الله يحِبُ المُسلمين الذين يُنظفون أنفُسهُم وما حولهُم.

Endlich ist Bücherzeit! Wir haben uns alle im Wohnzimmer versammelt und warten gespannt darauf, was uns Papa heute vorliest.
Manchmal lesen wir Qur`aan oder hören Prophetengeschichten oder lesen andere interessante Bücher. Heute Abend lesen wir die Suurah mit dem Elephanten.
Kennt ihr die?
Jetzt bin ich aber müde, ihr auch?

لقد حان وقتُ القصة. كلنا نجتمع في غُرفَة الجلوس مشتاقون إلي ما يقرأ لنا أبي. أحياناً يقرأ لنا القُرآن الكريم و أحياناً يقُصُّ علينا قصص الأنبياء أو قُصص أُخرى شيقة.
اليوم نقرأ سورة الفيل. هل تعرِفونها؟
لقد تعبتُ كثيرا وهل أنت أيضا؟!.

Mama und Papa bringen mich ins Bett. Bevor ich mich in meine Decke einmurmele, sprechen wir noch ein Du'a. In meinem Du'a danke ich Allah für meinen wunderschönen Tag mit meiner lieben Familie und ich entschuldige mich bei Allah falls ich frech war.
Und jeden Abend bevor ich schlafen gehe, spreche ich das „Gute-Nacht-Du'a". Ich spreche die gleichen Arabischen Worte wie sie einst unser lieber Prophet Muhammad (Sallallahu 'aleihi wa Sallam) vor langer Zeit sprach bevor er einschlief: „Bismika allahumma amutuu wa ahya."[1]
Ich rolle mich auf meine rechte Seite und schon fast eingeschlafen flüstere ich 33 mal „Subhan-Allah"[2], 33 mal „Al-hamdulillah"[3] und 34 mal „Allahu akbar"[4]. Ob ich mich verzählt habe? ... ...ich merke noch wie Mama mich zudeckt und mir ein Gute-Nacht-Küsschen gibt...

أُمي و أبِي يأخُذونني إلى السَّرير. قبل أن أغطي نفسي، نقول دعاء.
وفي دعائي أشكر الله على يومي الجميل مع عائلتي العزيزة وأستغفر الله إن كنت غير مهذب و مساء كل ليلة قبل النوم أقول دعاء النوم، أقول مثلما كان رسول الله صلى الله عليه وسلم يقول قبل أن ينام. ,,بسمك اللهم أموت و أحيىَ''. ثم أنقلبُ على جانبي الأيمن، وأكاد أن أنام، وأقول سبحان الله ثلاث وثلاثون مرة، والحمد الله ثلاث وثلاثون مرة، و الله أكبر أربع وثلاثون مرة. لا أدري هل أخطأت في العد أم لا؟ ولكنني أشعر بأمي وهي تغطيني و تعطيني قبلة النوم.

---

1 O Allah mit deinem Namen sterbe und lebe ich.
2 Gepriesen sei Allah
3 Alles Lob gebührt Allah
4 Allah ist größer

## Dankeschön

Ibrahim (für die Inspriration),
Opi (für die Mithilfe der Bildbearbeitung)
Malika und Mariam Barakat (für die Arabische Übersetzung)
Samir (für seine Geduld mit mir).
Und die Gnadenerweisung ist von Allah!

أشكرُ بشكل خاص

إبني إبراهيم الذي كان سبباَ في فكرة هذه القصة

كذالك جدي (للمساهمة في التصميم)

وملكة و مريم بركات في الترجمة إلى العربية

والأُخت أماني بيكر (للدعم التقني)

وزوجي سمير (لصبره علي)

و الفضل والمنة لِلّه.